LES
PARASITES
DE LA REVANCHE

PREMIÈRE PARTIE

RÉPUBLICAIN OU LÉGITIMISTE

PAR

JULES FÉNÉON

Ex-Conseiller municipal à Orléansville (Algérie)

PRIX : 1 FRANC

PARIS

E. LACHAUD, ÉDITEUR

4, PLACE DU THÉATRE-FRANÇAIS

1871

LES

PARASITES

DE LA REVANCHE

PREMIÈRE PARTIE

RÉPUBLICAIN OU LÉGITIMITSE

PAR

JULES FÉNÉON

Ex-Conseiller municipal à Orléansville (Algérie

PRIX : 1 FRANC

PARIS

E. LACHAUD, ÉDITEUR

4, PLACE DU THÉATRE-FRANÇAIS

—

1871

À M. GAMBETTA

Ex-Membre du Gouvernement de la Défense nationale

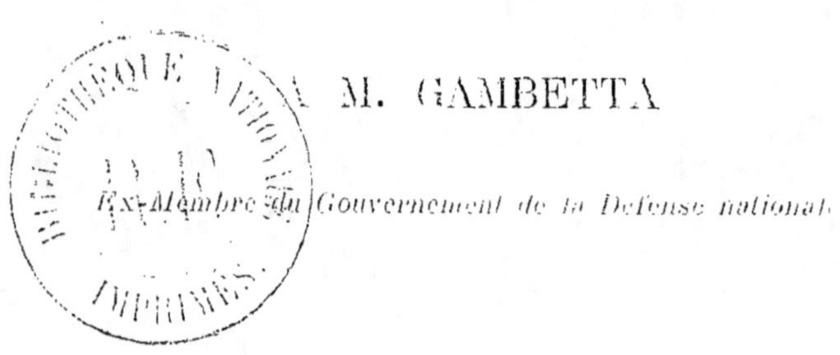

CITOYEN,

Permettez à un homme complétement inconnu de vous dédier un modeste travail.

Il pense comme vous des citoyens ruraux ; il croit qu'il ne faut point les brusquer, mais bien les instruire ; il a obéi à une sujétion morale en écrivant, il croit avoir accompli vis-à-vis d'eux un devoir de frère aîné.

De plus, son bonheur serait immense si, au moyen de ces quelques lignes, il avait pu parvenir à apporter un utile grain de sable pour la réédification de la France, pour la régénération nationale, et s'il avait pu contribuer à persuader à Monsieur Thiers, et à tous les hommes de bonne volonté, que persister à essayer de passer la Manche, constituant une impossibilité manifeste, absolue, il ne nous resterait plus aujourd'hui qu'à traverser courageusement, mais prudemment, l'Océan atlantique.

J. FÉNÉON,

Ex-Conseiller municipal à Orléansville (Algérie).

Ballancourt (Seine-et-Oise), ce 15 août 1871.

I

DES PARASITES DE LA REVANCHE

Qu'entendons-nous, en général, par parasites ?

Nous désignons par parasites toutes les individualités hu-
maines qui, loin de se rendre compte des obligations primor-
diales contractées par chacun, dans toute société constituée, se
maintiennent non-seulement complétement inutiles, et n'appor-
tent de plus en échange d'un bien-être relatif et onéreux pour
les autres associés, que far niente, opposition systématique, exploitation directe de l'homme par l'homme, sans compensation
et sans résultat pour l'ensemble de la société.

Qu'entendons - nous spécialement par parasites de la revanche ?

Nous désignons par parasites de la revanche, d'abord tous les
parasites en général, et plus spécialement tous les citoyens qui,
se bornant à rendre des services spéciaux à une faction, à un

parti, sont réellement pernicieux ou même nuls à l'ensemble de l'association, leurs actes examinés et estimés au point de vue de la régénération nationale, et de la délivrance ultérieure du sol sacré de la patrie.

Si nous avons commencé cet opuscule par une définition, disons politique, de l'expression *parasites*, ce fut par suite de l'impulsion d'un double motif : le premier, pour tenir compte du titre que nous donnons à ce petit travail, que nous comptons inscrire généralement, pendant ces temps malheureux, en tête de nos modestes élucubrations ; le titre général : *Les Parasites de la Revanche*, nous paraissant tout à fait de circonstance, et susceptible peut-être d'être toléré par les hommes de cœur, comme le *Delenda Carthago* de cette période néfaste, et également pour expliquer à nos frères du peuple qui voudraient bien nous lire, l'explication toute spéciale d'une expression presque scientifique. Plus une nation est malheureuse, plus elle a de charges à subir, d'hypothèques à parvenir à faire radier par un travail opiniâtre et collectif, plus naturellement dans l'intérêt général de l'avenir, elle doit combiner tous ses efforts pour arriver à évincer tous les parasites, ou mieux à les supprimer énergiquement ; mais surtout une telle mesure devient une question d'existence, à la suite des désastres, sans exemple, qui en quelques mois ont pu faire de notre superbe France la noble épave que nous pleurons.

II

RÉPUBLICAIN OU LÉGITIMISTE

(LE DROIT DU PEUPLE OU LE DROIT DU TEMPS.)

Les gens éclairés parmi nos vainqueurs temporaires, les chefs militaires de cette nation allemande qui, en quelques coups de filet, ont su, aux premiers jours de la guerre, emmagasiner et annihiler l'armée prétorienne de Napoléon le dernier et le petit, et se rendre maîtres des aigles anodines de ce malheureux, après nous avoir vu survivre à tant de honte et de douleur, nous rendent cependant encore justice ; nous avions, en effet, affaire à des hommes sérieux, froids et instruits, qui se sont judicieusement aperçus que, soldats heureux, ils n'ont certes point subjugué la nation française qui, engagée, ni prête, ni armée, fut simplement surprise, même vendue, et partiellement livrée par des misérables ; et poursuivant leurs intelligentes investigations, ils ont su très-justement attribuer notre désastreux état d'exister, à nos innombrables, mais non raisonnées divisions politiques qui étaient parvenues, pour notre ruine, à supprimer la solidarité vivifiante des citoyens, à dénaturer le sentiment national et à constituer, dans le sein de la patrie, des foyers d'intrigues, de tentatives égoïstes, à l'exclusion du patriotisme traditionnel, bien heureusement, nous l'espérons encore, simplement détourné et endormi.

Nous estimons qu'en France un courant d'appréciations analogues commence à se faire jour. Ce sentiment intime est trop consolant, trop national pour le repousser. Toutefois fallait-il éviter de l'admettre avec cette légèreté dangereuse et indigne d'un grand peuple, tant reprochée aux citoyens de notre beau pays. Hélas ! dans nos malheurs, qu'on veuille bien ne point présumer, grand Dieu ! d'après les quelques considérations qui vont suivre, le sentiment du reproche : l'âme, la chair des hommes de cœur ont trop souffert pour ne point se trouver épurés aujourd'hui ; aussi nous oserons, affirmant nos opinions politiques, avouer vigoureusement que nous fûmes et serons toujours plus français que républicain, et que la France, notre pays, notre bien, sol sacré qui renferme les cendres de nos aïeux, nous a préoccupé et nous préoccupera toujours bien davantage qu'une forme spéciale de gouvernement; la forme républicaine, nous l'aurions toujours rencontrée dans l'avenir, mais, hommes de passions et de partis, Français trop coupables, nous sommes tombés jusqu'à laisser démembrer l'héritage de nos pères, la France de nos ancêtres, qui avait conquis le droit de continuer à marcher à la tête des nations.

Les bases des sciences exactes sont des axiomes, des postulatums. Les bases du contrat social, de tout peuple viable, doivent être forcément des principes, des respects absolus.

Le principe du gouvernement républicain est : *le droit immuable du peuple.* — Le gouvernement de la légitimité avait pour principe, *le droit du temps, ou mieux le respect de l'œuvre consacrée par le temps.*

La devise de la république est : *La voix du peuple, c'est la voix de Dieu.* — La monarchie légitime a pour devise : *Dieu et mon droit, consacré par le temps.*

Avant de comparer les valeurs relatives de ces deux grands principes, reconnus respectables, conduisant l'un à la forme républicaine, l'autre protégeant la forme monarchique, nous avons à rechercher le droit d'existence des autres factions qui déchirent notre France bien-aimée, nous devons nous rendre compte si elles aussi peuvent présenter en leur faveur des principes, des respects absolus.

Les factions importantes à étudier sont la faction bonapartiste, et la faction orléaniste.

La Révolution française emporta, nous ne dirons pas le principe de la royauté, un principe subsiste toujours, digne tout au moins des respects, s'il n'est plus applicable, en considération des progrès des âges et des fins de l'humanité, mais bien la royauté elle-même ; son antique noblesse et tous ses priviléges, étais naturels et obligatoires de ce mode de gouvernement ; le peuple des rois de France devint le peuple français, *l'immortelle Déclaration des Droits de l'homme et du citoyen flamboya sur la terre pour l'éternité ;* mais nos pères étaient dignes des sourires de la divine liberté, et si les convulsions du gigantesque enfantement furent quelquefois terribles, ensanglantées, la gloire militaire des soldats de la République resplendira, parmi les siécles, toujours pure et immaculée.

Quelle vigueur, quel patriotisme, quels courages, quelles vertus! Traqués comme des bêtes fauves, par les nobles, les prêtres, les rois conjurés, ils allaient en avant, en avant! passant en courant sur les morts, chantant l'hymne sublime de la patrie en danger, et arrivés enfin, ces héros magnanimes, sur les rives du Rhin, ils dirent aux rois prosternés, embrassant leurs genoux: Nous n'irons pas plus loin!

Parmi tant de chefs héroïques qui les avaient conduits, l'un d'eux voulut être empereur. Après avoir couvert de gloire le drapeau de la France régénérée, il abandonna tout à coup, sur la terre d'Egypte, son armée, ses soldats, et abusant indignement d'une récente auréole de gloire lointaine, mais fallacieuse, de l'empire fatal qu'il avait su imposer aux vieilles bandes des légionnaires de la République, il devint criminel, et porta audacieusement une main parricide sur le gouvernement régulier de son pays.

Oh! c'était un grand capitaine, un soldat heureux, c'était même un génie. Comme César, il savait à l'occasion payer de sa personne, mettre pied à terre et combattre au premier rang; mais il prétendit toujours commander aux citoyens comme aux soldats, il trépigna à l'occasion sur la légalité, et aboutit à renverser le gouvernement du peuple, la République; il abreuva la France de gloire, il pilla peuples et rois: le génie de la liberté avait subjugué les rois abandonnés des peuples; le génie de Bonaparte aboutit à mettre la France à l'index des peuples, conduits dans leurs douleurs à se précipiter, malgré eux, dans les bras des rois.

Les peuples ont toujours aimé des tyrans; César tomba, dans le sénat romain, en soldat, en se défendant, aux pieds de la statue de Pompée; Bonaparte succomba douloureusement sous le poids de ses regrets, de ses colères, de ses remords, enchaîné par les peuples, sur un lointain rocher. C'était justice, et la fin lamentable, terrible de cet homme qui, pendant sa brûlante carrière, fit tant de mal à la cause des peuples et à son pays, devait être encore peut-être plus pernicieuse, nuisible pour la France, que sa courte vie ; le génie même malfaisant entraîne toujours malheureusement ici-bas la légende, et quelque fois l'apothéose.

Nous croyons la légende napoléonienne complétement éteinte aujourd'hui; mais, néanmoins, cherchons, en l'expliquant, à combattre tout coupable espoir de retour. — Tout homme de quelque savoir, mais de bonne foi, doit être fixé aujourd'hui ; resterait peut-être à convaincre nos braves paysans, nos braves ruraux.

L'homme dont les sensations ne sont point encore relevées et épurées par l'éducation, ne juge guère l'intérêt, pour lui, des questions politiques et sociales, qu'en raison du bénéfice direct, matériel, que leurs solutions comportent, et surtout d'après l'époque présumée de l'entrée en jouissance ; de là, nos méditations nous ont conduit à admettre, que ce serait sur une équivoque de ce genre, que s'établit jadis la légende napoléonienne.

Paysans, nos frères, écoutez ici de l'histoire : Quand Napoléon Ier commit le crime de renverser le gouvernement de la République, pour se saisir du pouvoir, tout se trouvait déjà laborieusement enfanté : la Déclaration des Droits de l'homme était promulguée depuis nombre d'années ; les armées françaises étaient partout victorieuses ; non-seulement le sol sacré de la France du temps de nos derniers rois était dégagé, mais de plus, nos braves pères avaient conquis les Pays-Bas, toute la rive gauche du Rhin ; notre France était enfin, grâce à

leurs courageux efforts en possession de ses frontières naturelles, géographiques, nous n'avions besoin de rien de plus ; et
c'étaient de vraies, de justes conquêtes celles-là ; la Prusse,
l'Autriche nous avaient attaqués injustement pour nous imposer
un roi, nous les avions vaincues ; mais à la chute de l'*Empereur I*er, tout fut perdu ; Prussiens, Allemands, Russes, Anglais,
Suédois, Italiens, Espagnols tombèrent, à la fois, comme des
vampires, sur la France ; il fallut tout rendre, nouvelles conquêtes, couronnes ; on nous fit de plus *payer un milliard, on
nous reprit même les boulevards de notre pays, les conquêtes de
la République, les meilleures, les plus belles, les plus riches,
arrosées du noble sang français*. Eh bien, citoyens ruraux,
voilà tout ce que nous a valu le génie du premier Bonaparte, attendez ce que nous valut la forfaiture du second.

De même que cet homme pernicieux avait pu, aux yeux de
quelques-uns d'entre nous, absorber à son profit la gloire pure
et féconde de la plupart des généraux de la République, des
Hoche, des Marceau, des Desaix, des Kléber et de tant d'autres,
de même, il a pu absorber les fruits des labeurs des grands hommes civils de notre révolution, qui presque tous ont payé de leur
tête la gloire insigne de faire de nous des hommes libres ;
oui, retenez le bien, pendant que les guerriers de la République combattaient les envahisseurs, à l'Assemblée nationale, à
la Convention, nos représentants, nos légistes préparaient et
votaient, tout en décrétant la victoire, ces lois immortelles qui
nous assurent la possession de notre bien. Bonaparte n'en fut
tout simplement que l'habile et adroit relieur, il sut même en
modifier bon nombre à son profit, et qui plus est, en escamoter
et des meilleures.

Que fut donc ce premier empire, tant chanté, tant prôné
Pour les hommes droits, rigides, lettrés, une gigantesque, mais

criminelle aventure prétorienne, une désastreuse équipée militaire, convertie par notre immense orgueil national, en épopée ;
pour les travailleurs des campagnes, équivoque déplorable, il
résuma, avec le temps, les conquêtes de la Révolution, de la République, et devint le gouvernement du premier roi ou empereur sous le règne duquel ils purent, *eux parias séculaires*,
jouir sérieusement d'un droit tant désiré, du droit de possession
du champ arrosé de leurs sueurs.

Cette fausse appréciation, cette reconnaissance mal dirigée,
devait, cinquante-six ans plus tard, nous conduire aux abîmes.

Ce guerrier tombé glorieusement une première fois ne put
se considérer comme battu, il revint à la recousse un an plus
tard, violant ses serments, et indigne alors des respects, des
égards, que les rois alliés, devenus ses parents, avaient impo-
sés aux peuples pour ce conquérant redoutable, qui, dans l'apo-
gée de sa puissance, ne respecta ni peuples, ni trônes, ni rois.

Il ne restait qu'à l'enchaîner.

Dans sa jeunesse, couvert de gloire il fut coupable, mais il
savait à l'occasion entourer sa poitrine des trois couleurs, sous
la mitraille ; sa seconde tentative après sa défaite, après la ruine
de la patrie, n'en fit plus qu'un agitateur, qu'un conspirateur
vulgaire. Et cependant cet homme aimait la France, peut-être à
sa manière il était valeureux ; il a beaucoup souffert, qu'il lui
soit beaucoup pardonné.

Les rois de l'Europe, maîtres de disposer de la France, nous
imposèrent alors le seul gouvernement possible, dans les con-
jonctures lamentables infligées à notre pays par l'ambition de
Bonaparte, le seul compatible avec la situation ; on nous imposa
la Restauration de notre antique maison de France. Le ter-
ritoire fut réduit à ses anciennes limites, au moment de la première chute de la monarchie ; les conquêtes de la République

durent être sacrifiées. — Traitement après tout relativement doux et raisonné, pratiqué par des despotes victorieux qui, approuvés pour la vengeance par leurs peuples irrités, pouvaient complétement nous démembrer.

La France avait tellement souffert, le pays était tellement fatigué, épuisé en hommes comme en argent, que le retour de la famille de Bourbon, dernièrement détestée, fut accepté par la masse de la nation, sans amour comme sans colère. — Le despotisme de Bonaparte avait totalement anéanti l'esprit public, ses victoires puis ses revers avaient blasé les Français ; tout ce qui constitue une nation, l'amour de la justice, de la liberté, de la patrie, était mort par sa faute ; en un mot, la nation affaissée sentait qu'avant tout elle devait se reposer, se refaire, sans en calculer le prix.

Du reste le roi Louis XVIII arrivait merveilleusement doué pour faire supporter son règne, pendant une période de transition, de répit. Quelque peu épicurien, instruit, intelligent, lettré, un long exil à l'étranger, un contact forcé avec le peuple anglais, l'avaient rendu prudent, et surtout philosophe par nécessité, si bien que, tout en se maintenant roi de par le droit divin, il sut octroyer à la nation une charte relativement libérale, et après tout, louvoyant assez habilement, en bon pilote, laisser sommeiller la nature fatiguée. — Cependant il devient instructif, pour l'avenir, de savoir que les membres de sa famille et son noble entourage ne l'approuvaient pas de tous points, et qu'il fut toujours jugé par eux comme un roi trop facile, trop débonnaire, et que même ils l'affublaient, dans leurs intimes conciliabules du palais, de l'épithète peu respectueuse de roi sans-culotte.

Passons, constatant néanmoins que s'il régna d'après une charte octroyée, et non d'après un contrat régulier, accepté par les deux intéressés, ce qui eût été quelque peu en désaccord avec le grand principe du droit divin, il sut s'en tirer de façon à mourir sur le vieux trône de France, léguant même à Charles X, son successeur, une situation après tout praticable, car si les abus inhérents à toute royauté avaient quelque peu commencé à s'introduire, il avait su arrêter à temps leur essor, et éviter ainsi d'indisposer la bourgeoisie et le peuple.

Mais il en est des rois comme des enfants, ils tardent rarement à regretter ce qui a pu être octroyé même par d'autres, et partant à vouloir tout reprendre.

Tout fut compromis sous le règne du roi Charles X. Ce vieux chevalier galant, après tout bonhomme, mais usé, faible, entêté, cagot, après avoir traversé une jeunesse plus qu'orageuse, commit la faute irréparable de se laisser déborder par les prétentions absurdes, mais insatiables, de l'antique noblesse, de se laisser envahir par de coupables simagrées de sacristie. Les grades dans l'armée, les emplois civils ne furent dès lors généralement accordés qu'aux protégés des jésuites, ou aux jeunes titrés, au préjudice des droits acquis par les enfants du peuple ; il indisposa ainsi bourgeoisie, peuple, armée, et un jour vint où la Charte octroyée par ledit sans-culotte Louis XVIII, paraissant par trop libérale à son dangereux entourage, il commit l'insigne folie de déchirer ce pacte social, ce contrat octroyé, en considération duquel la nation avait consenti jusqu'alors à supporter la Restauration, et provoqua ainsi la révolution de 1830, qui l'emporta.

Mais cette deuxième chute de la monarchie ne s'accomplit pas sans grandeur ; notre dernier roi-chevalier descendit du trône en roi, respecté, acompagné, protégé jusqu'à la frontière maritime par ses fidèles, par ses gardes attitrés. Salut à la majesté tombée !

Pendant la période de la Restauration jusqu'en 1830, une opposition assez puissante s'était recrutée; enregimentée, comptant dans ses rangs une génération d'hommes, la plupart distingués, issus les uns du peuple, les autres de la petite bourgeoisie; ces demi-libéraux, ces doctrinaires à courte vue, qui sentaient fort bien que, dans la situation, leur roture les eût forcément maintenus en croupe des têtes de notre haute noblesse, après avoir contribué à saper le *trône de notre dernier roi Bourbon* ; non point certes dans l'intérêt général de la nation, mais bien pour arriver à satisfaire aux incitations d'appétits envieux et égoïstes, machinèrent à point, pour aboutir à emmagasiner à leur profit les conséquences de la victoire remportée pour le peuple, au prix de son sang généreux.

Tout était prévu, trouvé à l'avance, même le prétendu roi bourgeois, sous le règne duquel ils comptaient recueillir satisfaction, honneurs, pouvoir, argent; et ce fut ainsi qu'une altesse royale, depuis longues années, sinon leur chef avoué, du moins leur chef occulte, leur banquier attitré, fut porté au pouvoir sans consulter la nation, ou ce qui fut bien pire, sous prétexte de l'avoir suffisamment consultée, en raison d'un avis favorable à leur combinaison, formulé par *deux cent vingt et un députés des leurs*, qui, ayant antérieurement prêté serment au roi Charles X, manifestèrent ainsi une ampleur de conscience peu respectable. Si bien qu'un beau jour du mois d'août le pays ahuri reçut l'étrange nouvelle que Son Altesse royale monseigneur le duc d'Orléans, fils du conventionnel Philippe-Égalité, qui vota la mort de son parent le roi Louis XVI, était proclamé sous le nom de Louis-Philippe Ier, non point comme nouveau roi de France, mais comme nouveau roi des Français, et qu'ainsi pour le plus grand bonheur de la nation, on avait installé la meilleure des républiques.

Louis-Philippe, le prétendu roi-citoyen, ne fut même pas le roi de la bourgeoisie, ce fut tout simplement un bourgeois égoïste passé roi, qui, oubliant que, dans sa jeunesse, il avait professé les doctrines des jacobins, n'eut dès lors *qu'une seule pensée immuable* ; faire accepter son gouvernement par les monarques de l'Europe (qui jugeant la conduite de cette altesse royale très-légère, pour ne point dire déloyale, félonne, se maintenaient les uns à distance, d'autres hostiles), fermer, coûte que coûte, surtout dans son intérêt personnel, l'ère des révolutions pour assurer ainsi l'avenir de sa famille, et asseoir solidement la dynastie.

Nous ne pensons point avoir, dans l'intérêt de notre démonstration, à nous étendre longuement sur les phases de ce règne de bascule de dix-huit ans, nous sommes, nous l'avons annoncé dès le début, à la recherche des principes, des droits respectables, des factions qui déchirent les entrailles de notre pauvre France, et non spécialement à la recherche des fautes, des erreurs commises. — Du reste, nous voici entrés dans l'histoire contemporaine, et chacun possède en main les éléments pour apprécier ; nous tenons néanmoins à ajouter que si, dans l'ordre de la haute moralité, le roi Louis-Philippe fut, dit-on, le modèle des bons époux, des bons pères, il agit en détestable parent, le jour où, dans un intérêt purement dynastique, il osa prescrire les mesures pour rendre patent le déshonneur de sa nièce, qui fut après tout la femme de celui qui devait être son roi.

En résumé, ce règne ne fut ni glorieux, ni heureux pour l'ensemble de la France, il fut agité par de sanglantes insurrections, et si le bien-être des classes moyennes augmenta alors sensiblement, ce fut par suite de l'application *du principe de la paix à tout prix*, dont la triste conséquence fut, en définitive, un abaissement misérable de l'influence extérieure de la France.

Bref, février 1848 vit cette royauté s'écrouler, sapée par ses fautes, par ses réticences, et s'accomplir ainsi ce grand acte de justice populaire, désigné déjà par l'histoire : *comme la révolution du mépris.*

Les républicains n'avaient jamais pardonné au duc d'Orléans le tour d'escamotage base de son règne.

Les légitimistes sincères, qui étaient parvenus bien difficilement à oublier le vote de Philippe-Égalité, son père, ne lui pardonnèrent jamais d'avoir, lui altesse royale, accepté le trône de ses rois.

Recherchons maintenant les bases sur lesquelles pouvait reposer cette royauté éphémère, cette royauté de Juillet, et rendons-nous compte si elles supportent l'examen, et peuvent être admises comme des principes respectables, des respects absolus. La volonté du peuple, s'était-elle prononcée dans ce choix ? Non, la nation ne fut point consultée. De plus la situation du duc d'Orléans, comme altesse royale, surtout la terrible détermination de son père, comme membre de la Convention, devaient lui imposer l'obligation morale absolue de refuser quand même le trône de France. Louis-Philippe en l'acceptant fut bien coupable, car, rompant avec toutes les traditions de sa famille, il aboutit à commettre :

Un dol politique envers le peuple ;

Une indigne forfaiture envers son roi.

Ah ! il subit rudement, pendant dix-huit ans, la peine de son ambition, de son indélicatesse. Honni, conspué sans influence sur les peuples, sans respect près des rois, méprisé par toutes les natures élevés, délicates parmi les Français, forcé de mitrailler, dès les premiers jours de son règne, un peuple malheu-

reux et irrité, traqué comme un vieux sanglier, forcé de se montrer en public transporté au galop dans un char blindé, il ne
parvint à échapper, comme par miracle, aux balles des assassins
politiques que pour fuir déguisé le jour du réveil du peuple,
et aboutir enfin à rendre, quelques années plus tard, piteuse-
ment le dernier soupir sur la terre d'exil.

Comme conclusion, apprécions la faction orléaniste ; elle
constitue un parti qui doit son existence à un règne éphémère,
basé sur un dol politique envers le peuple, une forfaiture envers
les légitimistes sincères, pratiquée par le chef de la branche ca-
dette, seul citoyen français auquel il était interdit alors, sous
peine de déloyauté, d'accepter, fût-il même autorisé par un
vote régulier du peuple, le trône de nos rois.

Louis-Philippe, fils d'un conventionnel pouvait certes demeurer un des nôtres, un enfant de la Révolution ; Louis-Philippe Ier,
roi des Français, ne saurait être pour nous républicains, et même
pour les rigides légitimistes, qu'un usurpateur apprécié en
somme déjà par l'histoire comme un triste monarque de bien
mauvaise occasion.

Tout homme loyal, sans distinction de parti, qui, d'après la
situation nubile de son âge, s'est trouvé en mesure de juger ce
qui se passait alors sous ses yeux, d'apprécier les phases de la
glorieuse révolution de 1848, est forcé d'en convenir même
aujourd'hui, ainsi que le fit, à l'époque, M. de Rothschild lui-
même, et de reconnaître que jamais révolution ne se présenta
à l'univers, aussi pure, aussi belle, aussi probe, et que de plus
la voix du peuple avait composé un gouvernement provisoire
de tous points respectable, et accepté d'un élan unanime d'a-
près un choix intelligent d'hommes intacts, désignés les uns
par leurs vertus civiques, les autres par le rayonnement, l'illus-

tration pure, splendide, déjà attachés à leurs noms, à la grande gloire de la patrie.

Donnons de plus comme preuve indélébile de cette vérité le résumé de la résolution prise le 27 février 1848, à la suite d'une conférence tenue par tous les représentants des États étrangers, alors en résidence à Paris : « Reconnaissant l'unani- « mité du mouvement qui vient de s'opérer en France, et les « apparences de force et de stabilité que puise le gouverne- « ment provisoire dans l'élan unanime de la population, les re- « présentants des cours étrangères ont résolu de rester à leur « poste, jusqu'à décision de leurs cours respectives. »

L'approbation générale de cette ligne de conduite ne se fit point attendre, et le gouvernement de la République apprécié, respecté, fut quelques jours plus tard, reconnu par toutes les grandes puissances.

Mais ce qui apparaît revêtu d'un caractère touchant, noble, sublime, ce fut l'adresse de la commission des travailleurs au gouvernement provisoire, terminée par ces mots : « Nous avons « trois mois de privations et de souffrance au service de la « République, au service d'un gouvernement qui s'occupe de « notre présent, de notre avenir. »

Nous n'avons certes point pour but de présenter ici une his- toire même succincte de la Révolution de 1848, nous saisirons néanmoins l'occasion d'effleurer une question d'impôt de l'é- poque (que nous prenons du reste l'engagement d'essayer d'élucider ultérieurement), espérant arriver à faire compren- dre à nos frères ruraux, que ce malheureux impôt foncier supplémentaire de *quarante-cinq centimes pour franc*, tant dé- crié, tant exploité jadis par la réaction du temps, ne constituait qu'une augmentation de contributions directes, et ne représen- tait en numéraire qu'une somme relativement bien insignifiante comparée *aux cinq milliards*, rançon forcée, sans préjudice de tout le reste du règne, de la mauvaise administration et surtout de la légèreté coupable, de celui qui fut et sera notre dernier empereur. Cet impôt forcé, indispensable, (le gouvernement de la République ayant trouvé les coffres de la monarchie complétements vides), n'atteignait en définitive que le propriétaire du sol, le riche relatif, sans arriver à grever affreusement, ainsi que malheureusement on prétendrait aujourd'hui être conduit à la pratiquer (demandant tout le subside aux contributions indirectes), *l'unique revenu* du pauvre prolétaire, son seul moyen d'existence, son salaire journalier.

Sans contredit, pendant la période de transition, d'installation, la France eut à traverser quelques mauvais jours, le peuple sans travail, sans ressources et partant sans pain, victime, dans un but d'opposition systématique au régime républicain, des conséquences d'un mot d'ordre de résistance passive, basée sur le retrait collectif du capital et complotée par tous les réactionnaires, les peureux de tous les partis conjurés, le peuple parisien surtout perdit quelquefois patience, et cédant malheureusement à des incitations bien coupables, força le gouvernement régulier du pays à ensanglanter, malgré lui, au nom de la loi, de la légalité, le pavé des rues.

Toutefois, sans catastrophe, respectée à l'extérieur, ayant dompté toutes les émeutes, la République française, après avoir traversé après tout heureusement la période constituante, d'enfantement légal, et en être sorti armée d'une constitution libérale, acceptée et respectée par la nation, en était ainsi arrivée à la période législative, et au choix d'un président.

A cette époque, rien ne fut aussi indigne, aussi antinational, que la ligne de conduite adoptée par tous les royalistes et réactionnaires de tous les partis, qui déjà, au moment de la grave discussion soulevée à l'Assemblée constituante, à l'occasion de la délégation du pouvoir exécutif, avaient tant contribué à faire admettre que ce pouvoir spécial devait être délégué directement au président de la République par la nation convoquée spécialement à cet effet dans ses comices. Heureux déjà d'introduire dans la constitution même des germes anticipés de destruction, fondant sur un antagonisme, dissolvant mais présumé, de deux pouvoirs issus directement de la même source, le coupable espoir du renversement de la République, et partant le rétablissement de la royauté. Ils avaient en effet contribué à faire repousser deux amendements protecteurs, évitant tout danger.

L'un (1), qui supprimant la fonction de président, avait pour but de faire déléguer le pouvoir exécutif par l'Assemblée nationale à l'un de ses membres, par l'élection d'un président du conseil des ministres élu pour un temps illimité et toujours révocable.

L'autre (2) qui avait pour but de confier la nomination du président de la République à l'Assemblée nationale elle-même.

Tous ces coryphées des coteries monarchiques et réactionnaires se liguèrent, s'entendirent alors, et firent un choix pour le plus grand malheur de la France ; ils auraient été dans le droit, dans la moralité en désignant un citoyen parmi eux ; ils avaient également à choisir parmi trois candidats républicains de nuances bien différentes, ils auraient certes pu, sans déchoir dans l'intérêt de l'apaisement, de la stabilité, du bonheur général du pays, aider à l'élection d'un vaillant républicain mo-

(1) Amendement Grévy, soutenu par toute la gauche républicaine, qui avait pour but la constitution d'un pouvoir exécutif dans les conditions du jour.

(2) Amendement Leblond.

déré mais pur (1), digne d'une telle récompense par ses services en juin, en sauvant la société du naufrage, en sauvegardant les intérêts généraux, en domptant l'émeute, en assurant la jouissance de la propriété et le triomphe de la loi. Mais ces grands coupables osèrent traiter cette question suprême comme une question de dés, se donnant comme programme : *Alea jacta est (le sort en est jeté)*, coûte que coûte nous voulons le renversement de la République ; du reste la France n'est pas républicaine, et nous saurons bien montrer que Dieu et le peuple vont prononcer la sentence indélébile tant désirée.

Ils avaient à point sous la main comme apparence, comme ombre de cette fiction, un aventurier de la pire espèce, un prince d'occasion, héritier putatif mais discuté du grand nom de Napoléon, nom hyperbolique, mirage trompeur qui, ainsi qu'on espère l'avoir démontré plus haut, avait rattaché autour de lui dans l'esprit des habitants des campagnes, au profit de l'exploitation de son indigne descendance, toutes les conquêtes, tous les résultats, tous les bénéfices de la grande Révolution.

Oui, chefs royalistes et vous-mêmes, hobereaux trop coupables, vous avez compté alors, spéculant dans l'intérêt de vos passions politiques, de vos tendances, sur l'écho d'un nom magique dont vous connaissiez toute la sonorité factice, toute la vanité ; mais vous ne vouliez point à tout prix de la République ! La chute de la République par dessus tout fut le mot d'ordre : plutôt le déluge ! Malheureux Français, ils n'espéraient pas aussi bien préciser ! Ils avaient, oh ! douleurs ! prophètes inconscients, voué notre pauvre France au déluge.

Ajoutons toutefois que tous ces royalistes, au moment où ils pratiquèrent ainsi, ne pouvaient prévoir tous les malheurs,

______

(1) Le général Cavaignac.

toutes les hontes de l'avenir, qu'ils n'appuyèrent la candidature de Louis Bonaparte qu'à titre d'expédient, de répit, pour gagner du temps, comptant sous quelques mois se débarrasser facilement de ce paravent peu apprécié, peu redouté.

Et c'est ainsi que, pour le malheur de la France, fut élu président de la République française Louis Bonaparte qui offrait pour seules garanties, au pays abusé, l'absurdité de deux tentatives de renversement, de deux échauffourées inqualifiables, pratiquées contre le gouvernement de Juillet, une réputation interlope, une moralité plus que douteuse, un crédit très-limité.

Toutefois ce malheureux fut élu légalement, après avoir inondé le pays de professions de foi, débordantes de sentiments républicains les plus purs et les plus désintéressés. De plus, avant d'entrer en fonctions, il prêta avec une dignité affectée, au sein de l'Assemblée nationale, le serment constitutionnel ainsi prévu :

« En présence de Dieu et devant le peuple français représenté
« par l'Assemblée nationale, je jure de rester fidèle *à la Répu-*
« *blique démocratique une et indivisible*, et de remplir tous
« les devoirs que m'impose la Constitution. »

Il fit même plus encore alors, car, après la prestation de ce serment sacré, il déplia un papier et lut un assez long discours commençant ainsi : « Les suffrages de la nation, et le serment
« que je viens de prêter commandent ma conduite future. Mon
« devoir est tracé ; je le remplirai en homme d'honneur. »

« Je verrais des ennemis de la patrie dans tous ceux qui ten-
« teraient de changer, par des voies illégales, ce que la France
« entière a établi. »

Ces citations suffisent pour l'histoire, nous n'irons pas plus loin.

Mais la première magistrature de la République ne pouvant satisfaire aux appétits voraces, insatiables, grossiers, de ce plagiaire lilliputien des débuts du premier empire, et surtout aux appétits collectifs de son bohémien entourage, ils conspirèrent tous ensemble dans l'ombre ; puis, pendant une longue nuit d'hiver (2 décembre 1851), il osa, lui pygmée, renouveler l'attentat du 18 brumaire, et violant ses serments, ses promesses sacrées, porter une main sacrilége et parricide sur l'Assemblée nationale, et renverser ainsi le gouvernement légal de son pays.

L'attentat du 18 brumaire avait réussi sans effusion de sang ; il n'en fut point de même du crime du 2 décembre. Louis Bonaparte, pour venir à bout des patriotes, dut piétiner sur leurs cadavres, mitrailler le peuple parisien, assassiner l'immortel Baudin, l'un de nos grands morts. Nous avons la douleur d'ajouter que, sous le coup de la surprise, de la terreur, se posant en sauveur de la société en péril, trompant surtout audacieusement les habitants des campagnes sur les véritables motifs de son lâche attentat, utilisant un suffrage universel frelaté, il sut faire sanctionner par le peuple les turpitudes de l'origine de son nouveau pouvoir. Hélas ! dix-neuf ans plus tard notre pauvre chère France devait payer de son démembrement, du plus pur de son sang, de sa ruine relative, un tel oubli de tout sens moral, tant de bassesse, tant de servilité.

Si au moins cette terrible expiation pouvait nous être profitable, si au moins le peuple des campagnes éclairé par nos immenses malheurs, conscient à l'avenir de ses véritables intérêts, sortait de l'épreuve émancipé, inaccessible dès lors aux tentatives de tous ces *parasites*, de tous ces sauveurs d'occasion, qui disparaissent, exploiteurs malfaisants, gorgés d'or, de pierreries, de luxure, d'infamie, au jour de l'épreuve, ou au jour du réveil de la nation, avec quel bonheur, tous, nous apporterions notre grain de sable pour la régénération nationale, heureux, contents, satisfaits !

Dans le sein de l'Etre suprême, Français, espérons, mais veillons.

Que fut donc ce deuxième empire, tant supporté, tant encensé, tant accepté? Une lilliputienne, mais infâme aventure prétorienne, une désastreuse équipée d'hommes de police, protégée par les Français ramollis, comme un pis-aller unique, inévitable, pouvant seul ménager aux royalistes, aux réactionnaires, le temps d'arrêt indispensable pour se reconnaître, et parvenir à mater l'épouvantail des esclaves et des égoïstes, l'immortelle Révolution. Et ce fut ainsi que ce Bonaparte, absous par l'Église, par la magistrature, porté sur un triste pavois de boue et de sang, par quelques sicaires prétoriens gorgés et dégradés, parvint à régner sur la France.

Quelle honte, quel régime, grand Dieu! le règne d'un Héliogabale du Bas-Empire au petit pied, basé sur une infamie purulente.

Après l'empereur passons à l'impératrice.

Dès le début, ce triste potentat comprit qu'il devait, à tout prix, paraître se ranger, faire une fin. Oh! il aurait bien voulu une fille des Césars, mais après avoir vu ses avances conjugales repoussées dédaigneusement par toutes les familles régnantes, même par certaine princesse avec cette instructive fin de non-recevoir : « Une fille de ma maison ne saurait consentir à « donner sa main à un aventurier », il comprit qu'il ne lui restait plus qu'à en terminer par un mariage d'expédient, en concordance avec son passé, à la hauteur de sa délicatesse. L'impératrice fut enfin trouvée, si bien qu'elle fut bientôt en mesure de présenter à la France ravie un héritier de sa qualité, de sa race.

Dominons notre répugnance, et résumons en quelques lignes les phases de ce deuxième empire.

L'immoralité, la concussion érigées en système, la justice entre les mains d'un pouvoir prévaricateur, le haut commerce entre les mains de boursicoteurs détenteurs du pouvoir, la France convertie en une vaste bourse, presque en coupe-gorge.

L'Empire, c'était la paix !

Cinq guerres absurdes ou infamantes, dans l'unique but de se procurer aux yeux de la nation aveuglée, des prétextes à des avancements prétoriens, presque toujours dévolus à l'intrigue et à la faveur.

Une guerre de Crimée, aboutissant, après y avoir consommé deux années, fait tuer deux cent mille hommes, absorbé des trésors, à arriver à peine, dissipant ainsi les forces vives de la France, à réduire non point une place de guerre, mais simplement un côté d'une place de guerre, sans résultat appréciable pour l'intérêt général de la nation.

Une guerre d'Italie où, sans l'intervention heureuse non prévue d'un brave général français, notre digne émule du premier Bonaparte eût fini à cette époque, comme plus tard à Sedan ; guerre de nationalité inintelligente qui aboutit, en somme, à créer à nos portes, nous ne dirons point une nation ennemie, mais certes une nation aujourd'hui puissante, bien indifférente à nos malheurs.

Une guerre de Chine, cette équipée de flibustiers, introduisant la civilisation parmi les Chinois par la pratique du vol et du pillage, et ayant donné au monde le spectacle exemplaire de notre gracieuse souveraine daignant orner ses charmes du collier du Magot.

Une guerre du Mexique, cette épopée de concussionnaires, qui aboutit à attirer à la France le mépris du monde entier, la haine des hommes d'honneur, la répulsion même de la république des Etats-Unis d'Amérique, qui ne put se décider à pardonner à sa jeune sœur d'Europe, malheureuse, trahie, l'évidence des mauvais desseins affichés par le gouvernement qui nous a perdu.

Ah ! cette maudite race des Bonaparte fut bien pernicieuse pour la France : le premier du nom commit le Dix-huit brumaire, l'autre le Deux décembre ; l'un, lion glorieux, mais insatiable, renversa brutalement, en plein jour, le gouvernement de son pays ; l'autre, conspirateur couard, comme la hyène déterreuse des cadavres, il agit dans l'ombre, pendant l'heure du sommeil, il attaqua les citoyens à domicile, il commit son forfait pendant la nuit. — Deux crimes sont donc les points de départ, les bases des règnes des deux Napoléon, avec cette différence, que le grand capitaine, le soldat heureux, peut-être messager involontaire des principes de la République par ses pérégrinations à travers l'Europe, n'a quitté le commandement que quand il lui fut arraché par la lassitude, par la trahison, tandis que son lâche héritier l'a conservé sournoisement tant qu'il a pu, aidé de ses sicaires, pour arriver à livrer l'armée française aux Prussiens.

Paix peut-être aux cendres du premier du nom, honte et infamie au compère de Guillaume le Prussien.

1815 vit tomber le Napoléon d'airain, — le 4 septembre 1870 vit précipiter à terre le Napoléon d'argile, de boue et de sang, et s'accomplir ainsi cette révolution spontanée, vierge de sang et de violences, qui sera désignée par l'histoire *comme la révolution de salubrité publique ou révolution de la honte.*

Anticipons sur les événements et résumons ce que nous valurent les forfaitures du dernier Bonaparte : *la ruine, le démembrement de notre France, l'abandon de deux de nos plus belles*

provinces arrosées du sang de nos pères, magnifiques conquê-
tes, avouons-le avec loyauté, de notre antique monarchie ;
cinq milliards d'indemnité de guerre, la perte de cinq arron-
dissements, de quatre-vingt-un cantons, de 1,740 communes,
de 1,700,000 de nos frères, réduits en esclavage, devenus, mal-
gré eux, administrés des Prussiens.

Il n'entre point dans le cadre de cet opuscule de nous étendre longuement sur la situation du gouvernement du 4 septembre, néanmoins nous devons l'examiner au point de vue des
renseignements utiles à notre démonstration. La création du
gouvernement du 4 septembre fut une conséquence obligée *de
la révolution de la honte,* la dénomination adoptée par ce pouvoir, né des circonstances, bien choisie, ses premières inten-
tions pures, désintéressées (1); du reste, les hommes de ce gouvernement ont loyalement, dès le début, prévenu la nation de
la triste situation : « Nous n'arrivons point à l'honneur, mais
bien au péril. »

Fallait-il traiter après Sedan ? Un seul homme pouvait con-
cevoir l'idée de traiter alors : Bonaparte ! dans un intérêt lâche, égoïste, dans l'espérance de se procurer, par cette transaction, la possibilité de se présenter encore à la France, lui et
les siens; nous ne comptons plus aujourd'hui les Français de
cet avis.

Pouvait-on conserver la dernière Chambre de Bonaparte?
Une telle combinaison nous paraît impraticable ; d'abord ces
vieux soutiens du bonapartisme, honteux de leur coupable servilité, de leur imprévoyante folie, responsables, vis-à-vis de la
nation, de tous nos malheurs, ne demandaient pas mieux que
de disparaître, que de se cacher. Pouvaient-ils, du reste, sans

____

(1) Nous croyons devoir exclure de cette appréciation M. le général
Trochu.

forfaiture, consacrer, en se saisissant du pouvoir, la déchéance
de leur ancien maître si écouté, si aimé, si respecté? Ne regret-
tons point, pour eux, une telle situation équivoque et une occasion les plaçant dans l'alternative délicate de donner à la France
un nouvel exemple de la bassesse des pouvoirs du second Empire. — De plus, il est de la dernière évidence que ces députés
de l'Empire, nommés sous la pression du gouvernement déchu,
ne pouvaient plus représenter les aspirations du pays nettoyé.

Fallait-il provoquer de suite l'élection d'une Assemblée nationale? Oui, peut-être ; surtout s'il eût été possible d'obtenir
immédiatement un armistice. Mais, à ce moment, pouvait-on
compter sur des délicatesses prussiennes, l'infernal Bismarck
ayant tout intérêt à ne point faciliter la cohésion nationale, et,
dès cette époque, la déchéance régulière du principal artisan de
cette maudite guerre, de celui qui fut notre triste empereur,
alors son prisonnier?

Les hommes du 4 septembre ont commis des fautes bien gra-
ves, certes, nous le reconnaissons! La première, la plus grave
de toutes, ce fut de placer le gouvernement dans Paris, dans la
place bloquée, et la délégation en province, tandis qu'une saine
appréciation politique aurait dû le conduire à placer, au con-
traire, la délégation dans Paris et le gouvernement dans le
pays ; mais, après tout, ils ont trouvé la France vendue, en-
vahie, affaissée, désorganisée. Ils ont dû immédiatement lutter
contre l'opposition sourde, systématique, irréfléchie de la tourbe
de toutes les réactions; ils ont fait ce qu'ils ont pu, surtout à
l'extérieur : remercions ces citoyens qui, le 4 septembre, n'ont
pas désespéré de la patrie.

Une nation de l'importance de la France, avec ses traditions,
son glorieux passé, la France des Jeanne d'Arc, des Bayard, des
Duguesclin, des Marceau, des Carnot, des Kleber ne pouvait,

ne devait point céder aux premiers échecs ; elle devait combattre à outrance, protestant ainsi, par ses généreux efforts, contre l'infamie des lâches, des traîtres, des félons, qui la livrèrent aux abois, et s'il ne lui fut point donné de ramener ses enfants à la victoire, elle devait forcément se relever, aux yeux de l'Europe émerveillée, et finir par inscrire sur les derniers drapeaux de la patrie : *Honneur au courage malheureux.*

Salut donc à l'âme de la défense ! Salut au grand patriote qui a courageusement, quoiqu'on en dise, tenté de réveiller la nation indécise par sa foi vive, par sa puissante parole, qui sera reconnue par l'histoire comme le souffle même de la patrie !

CONCLUSION

Nous croyons actuellement être parvenu à démontrer :

1° Qu'une faction bonapartiste quelconque ne saurait être aujourd'hui qu'une intrigue malsaine, honteuse, scélérate, à traiter par les honnêtes gens à l'instar des chiens hydrophobes.

2° Que la faction bâtarde des orléanistes ne peut être considérée que comme une intrigue bourgeoise, pratiquée par quelques momies doctrinaires, échappées au sort régulier des escamoteurs de 1830, qu'elle ne saurait plus réunir autour de son fanon que dangereux timorés, royalistes quand même, de quart de sang, légitimistes à principes peu sincères, peu délicats, à principes scrofuleux, ligués entre eux, pour le plus grand malheur de la France, en haine irréfléchie du gouvernement républicain. Mais, de plus, cette triste combinaison, si elle pou_ vait réussir, constituerait, au lendemain de son triomphe, une royauté d'expédient qui serait circonscrite, conspuée immédiatement par quatre à cinq nouvelles branches cadettes en droit d'exploiter, vu l'exemple, elles aussi, les étranges principes du chef de cette nouvelle école de la maison de France, par la pratique desquels Louis-Philippe parvint à régner, foulant aux pieds le principe primordial de la légitimité ; et, par là, elle aboutirait forcément à introduire dans la nation, des quantités innombrables de factions royalistes diverses pouvant, à un moment donné, nous présenter comme fanons toutes couleurs de l'arc-en-ciel, au plus grand préjudice du bonheur général du peuple, de l'apaisement des partis, de l'unité nationale.

Dans ces derniers temps, il a été fait grand bruit d'une fusion officielle, *coram populo*, intervenue entre les partis royalistes c'est-à-dire entre les légitimistes et les orléanistes, des indications formelles sur ce genre d'accommodement ont été formulées, même dans le sein de l'Assemblée nationale; de plus, la presse y a fait de suite écho ; mais au bénéfice de la dignité de la nation et de la morale publique, un noble manifeste, lancé à temps à la France, par celui qui seul pourrait prétendre aujourd'hui devenir, avec l'assentiment du peuple, notre roi légitime, M. le comte de Chambord, a fait heureusement prompte justice de toutes ces machinations malsaines, détestables, dignes tout au plus de Grecs du Bas-Empire.

Certes, nous pouvons l'avouer ici sincèrement, serait-il ainsi prouvé que les extrêmes se rencontrent? Si nos loyales méditations n'avaient point constitué de nous, *un citoyen républicain*, nous nous honorerions de demeurer *Français légitimiste* et légitimiste, nous n'aurions pu ni admettre, ni même comprendre que le fils de nos rois croisés eût pu penser s'exprimer autrement ; car ainsi qu'il a si noblement exposé, établi, ainsi que lui, pour une transaction de ce genre, nous ne nous serions jamais décidé à abandonner, ni notre principe, ni notre drapeau.

Que prétendraient donc espérer ces légitimistes sans foi, ces orléanistes sans principes, en osant parler de fusion ? Que deviendrait Henri V, l'héritier des rois de nos ancêtres, des rois de par le droit divin, de par le droit du temps, ou mieux de par le respect de l'œuvre consacrée par le temps , adoptant le drapeau de la révolution, qui osa immoler sur l'autel de la patrie, traditions, rois, couronnes, et cela pour satisfaire, non point aux excitations du peuple, mais bien aux appétits anticipés des descendants du roi Louis-Philippe Ier, de Philippe-Égalité ? Un renégat des principes, des droits séculaires de domination de sa famille, consacrant, par une condescendance coupable, la forfaiture du premier, le crime relatif du second.

Que deviendraient ces citoyens d'Orléans acceptant, provoquant une fusion ? Des princes français, sans honneur, sans foi, sacrifiant les sentiments les plus nobles au lucre, à l'intérêt, d'abord le principe primordial des traditions de leur famille, et en même temps le droit hyperbolique dont ils prétendraient être directement détenteurs, au préjudice des *rois Bourbon*, par la volonté du peuple exprimée, selon eux, en 1830, dans l'espoir de greffer, par un compromis anticipé, les bénéfices de l'indélicatesse paternelle sur le principe légitime, respectable, du droit de succession. — Voyons même plus loin, oublions ces tentatives hétéroclites de fusion, et portons-nous à l'époque des âges, où M. le comte de Chambord ira rejoindre les rois ses aïeux dans le sein de l'éternité. M. le comte de Paris se présentera-t-il comme l'héritier légal, complet, de la couronne de France, ou bien, négociant peu scrupuleux, acceptera-t-il le vieux royaume de France, sous bénéfice d'inventaire, empochant le trône, la puissance, les subsides, mais rejetant le vieux drapeau des rois chrétiens ?

Ah ! puissants éphémères, puissants d'un jour, vous aurez beau dire, faire, ergoter, endormir ; l'aurore du triomphe des principes de vertu et de justice saura toujours vous surprendre, radieuse, et dissiper malgré vous ces nuées plus sombres qu'inquiétantes, où, dans votre aveuglement intéressé et volontaire, vous osez placer l'espérance du salut de la patrie !

Il ne resterait donc plus en présence, comme systèmes respectables de gouvernement basés sur des principes, que la forme républicaine et la forme de la légitimité.

Ainsi qu'il a été défini plus haut :

Le principe du gouvernement républicain est *le droit immuable du peuple*.

Le principe du gouvernement de la légitimité demeure *le droit du temps, ou mieux le respect de l'œuvre de royauté consacrée par le temps*.

Reste maintenant à comparer les valeurs relatives de ces deux grands principes.

Posons,. comme point de départ, l'axiome suivant : Les peuples n'ont point été créés pour les rois, mais des rois peuvent ou ont pu être créés par les peuples, c'est-à-dire qu'un peuple peut ou a pu, à un moment donné, créer un roi, et, comme conséquence, une famille royale, que Dieu même a pu trouver convenable, permettre qu'une famille royale régnât pendant une succession de siècles sur un peuple, sans que ce fait, cette situation aient créé un droit absolu. — Notre but, dans cette exposition, est de limiter la portée de l'expression : droit divin de royauté, droit qu'on ne saurait comparer au pouvoir confié, par une manifestation divine acceptée dans l'ordre spirituel, aux successeurs de saint Pierre, ne pouvant admettre, en effet, que le droit temporel du temps, base de la légitimité, ou mieux le respect de l'œuvre de royauté consacrée par le temps, puisse prendre sa source dans un principe de révélation, dans le fait d'une installation divine, directe.

D'où il suit que, quels que soient la valeur, le respect qui

puissent s'attacher au principe du gouvernement de la légitimité, il ne saurait contenir, au point de vue pratique, le principe d'immutabilité, inhérent au principe immuable du droit du
peuple, qui pour nous constitue *une vérité absolue*.

Resterait à démontrer que *le principe du droit immuable du
peuple* conduit forcément à la forme républicaine.

Il est manifestement incontestable qu'une génération ne saurait engager *ad vitam æternam* les générations subséquentes,
c'est-à-dire que, ayant jugé à propos, dans son intérêt, de se
donner roi et famille royale, elle ne saurait avoir pu, *ipso
facto*, créer un contrat immuable, partant irrévocable par les
générations futures ; d'un autre côté, il y a immoralité, après
avoir pris des engagements vis-à-vis d'un roi et de sa famille, à
préparer ainsi, pour l'avenir des races futures, des refus équi-
tables de donner suite aux conséquences de la foi jurée par les
ancêtres.

Un seul mode de gouvernement, la forme républicaine, n'entraîne point ces pétitions de principe, ces déplorables inconvé-
nients. Le peuple, par la pratique du principe républicain, en
plaçant à la tête du gouvernement de la nation des citoyens désignés pour un temps très-court, ou toujours révocables, ne
prend point *d'engagements séculaires*, ne fonde point de traditions, ne s'expose pas à limiter les droits de la postérité.

Les quelques considérations qui précèdent sont purement ra-
tionnelles ; elles ont simplement pour but, non point de combattre le principe de la légitimité, mais de l'analyser, de le
purifier de tout son bagage, non-seulement inutile, même pernicieux, de le détacher de toute attache divine mal comprise, su-
rannée, enfin de le présenter avec les seules considérations qui
le rendent respectable, sinon applicable aujourd'hui. Son droit
du temps consiste à avoir été supporté, conservé pendant des

siècles ; le respect de l'œuvre consacrée par le temps prend
naissance dans le fait de la constitution bien lente, mais néanmoins progressive de la France sous la domination de ses rois ;
mais la famille royale ne saurait détenir d'autres droits que
ceux, conséquences de la reconnaissance, de la satisfaction, de
la somme de bonheur procurée à la nation, droits relatifs respectables à l'occasion, mais ne pouvant constituer un droit absolu de propriété.

Nous croyons avoir établi que le peuple, quels que soient les
précédents, quelles que soient les conditions antérieures, demeure et demeurera toujours maître souverain de la disposition
de son mode de gouvernement ; et que partant, tout aussi
bien pour confirmer le gouvernement de la République que
pour restaurer notre ancienne maison de France, seul un appel
au peuple pourrait résoudre la question.

Il nous reste à examiner si la nation aurait intérêt, dans la
situation, à conserver la forme républicaine, ou bien à revenir
à la forme monarchique. Nous estimons que l'intérêt absolu de
la nation nous impose la nécessité de la confirmation, à titre
d'essai loyal, de la forme républicaine.

Posons d'abord en principe, que la rupture survenue à la
suite de 1789, entre la nation française et la maison de France,
est plus imputable à la royauté qu'au peuple lui-même. — La
royauté et surtout son entourage, ne surent jamais se décider
aux concessions indispensables, et s'ils cédèrent quelquefois
pour gagner du temps, ce fut toujours, tournant les yeux du
côté de l'étranger. — Le peuple trompé, menacé, excité, irrité,
finit par perdre patience, et par rompre avec les anciennes traditions, sans espoir de retour.

Aussi, on eut beau essayer depuis, empire, restauration, monarchie collatérale ou d'occasion, plagiat d'empire, on n'est

parvenu qu'à créer du triste provisoire, provisoire maximum de vingt ans ; et à la suite de la révolution ou de la catastrophe qui l'emporta, chaque fois, la république réapparaît.

Que conclure de cet utile enseignement? Que la rupture en France avec les trônes est absolue, qu'il s'agisse du trône fondé sur le droit divin , ou d'un trône volé par un coup d'Etat?

En serions-nous arrivés là ? et alors que prétendre espérer d'un retour rétrospectif, aux traditions séculaires, qui n'ont pu parvenir à arrêter en 1791 l'élan d'émancipation d'un jour ?

Légitimistes sincères, répondez à notre appel, assistez-nous pour faire un légal essai de la forme républicaine; le peuple a bien accepté pendant des siècles, le gouvernement de la légitimité ! Laissons-lui satisfaction à son tour, car si le principe du droit du temps peut être respectable et vénéré, la République est le droit de l'humanité, la République est la justice ! et puis, si nous arrivons à reconnaître plus tard ensemble que notre pauvre nation déshéritée, doit indispensablement rappeler votre tutelle, nous saurons, dans notre bonne foi, accepter le rétablissement du passé, car, Français avant tout, nous voulons conserver, dégager notre France, même sous les drapeaux de la monarchie.

Ballancourt, ce 15 août 1871.

CLICHY. — IMP. PAUL DUPONT, RUE DU BAC-D'ASNIÈRES, 12.—485. 8.4.